Gertrud og Gumnni Albertsøn

og

Nonnerne fra Ring

En historie om Lyngby kirke

Vini Madsen

Gertrud og Gunni Albertsøn og Nonnerne fra Ring

En historie om Lyngby kirke

© 2009 – Vini Madsen
Sats og omslag: Books on Demand
Forlag: Books on Demand GmbH, København, Danmark
Fremstilling: Books on Demand GmbH, Norderstedt,
Tyskland
Bogen er fremstillet efter on-Demand-proces
ISBN 978-87-7691-582-7

Indhold

Forord

Lyngby kirke, ved Brabrand, er en perle – en seværdighed blandt mange andre i Danmark. Det, som gør Lyngby kirke til en ganske særlig kirke, er, at den aldrig har givet sig ud for mere end den er: En lille landsbykirke, der bruges søndag efter søndag året igennem. Lyngbyerne kommer til deres kirke i glæde som i sorg: De bærer flittigt deres børn til dåben, de unge mennesker bliver konfirmeret og gift og de gamle begraves her, som man har gjort, lige siden kirken blev bygget i 1140'erne.

Man finder i Lyngby kirke en fin og enkel udsmykning. Hertil kommer, at den ligger i et meget smukt landskab – stadigvæk – selvom de store lyngstrækninger for længst er ryddet. Det hele fuldendes af Vorherres eget sceneri: Dagens smukke minutter, hvor solen går op, og hvor den går ned. Smukt gylden orange skær om sommeren og ligeså smukt lyserødt lys om vinteren i frost og sne.

Kirkens udsmykning er som kirken selv: Enkel og smuk. Sammen med landskabet, himlen og solen kan det enkelte her blive en helt enestående øjenåbner og oplevelse af, at vi mennesker lever af og er afhængige af noget større – Vorherres kærlighed og nåde.

Med denne lille bog har jeg forsøgt at give Lyngby kirke en historie. Det er altid spændende at kende sin oprindelse. Novellen om Gertrud og Gunni Albertsøn er en blanding af (sandsynlig) fiktion og fakta og bygger på den foranstående artikel. Denne er til gengæld holdt

7

inden for rammerne af fakta. Der medfølger til sidst en litteraturliste, hvis man selv har lyst at læse yderligere.

Vini Madsen
Sognepræst i Borum– Lyngby pastorat, Århus Stift.

Lyngby Kirke ved Brabrand er en i mange måder fin og meget interessant kirke, idet man her finder et eksempel på en tidlig romansk kirke, der må antages at have været samtidig med de sidste trækirker. At det forholder sig således fremgår af udsmykningen, som består af flotte granitrelieffer og et smukt og elegant kalkmaleri, kaldet rytterbilledet. De tørre facts kan man læse i Nationalmuseets 'Danmarks kirker, Århus amt', 18. hefte, som omhandler S. Årslev, Tilst, Kasted og Lyngby kirker. Men forsøger man at nærme sig Lyngby kirke og dets historie som en del af egnen og egnens liv, så fremkommer en levende og spændende historie fra den tidlige middelalder i første halvdel af 1100-tallet, hvor landsbyen Lyngby bestod af ti gårde, hvoromkring lyngstrækningerne bredte sig afgrænset af skov.

O. 1000-tallet var kristendommen så fast forankret i Danmark, at man begyndte at bygge kirker og holde regelmæssige gudstjenester. De første kirker, man byggede, var trækirker. At der har været bygget trækirker i omegnen af Lyngby, ved vi med sikkerhed, fordi man har fundet to vinduesrammer af egetræ i Framlev Kirke, som ligger i ganske kort afstand fra Lyngby. Der er ikke fundet rester af en trækirke i Lyngby, men stenene med ormeslyng viser, at Lyngby Kirke er så gammel, at den må være bygget i den sidste del af trækirkernes periode. Lyngby Kirke har simpelthen været hypermoderne, da den stod som ny kirke og lod sine granitsten funkle i solen. Den antagelse underbygges af kirkens kalkmaleri kaldet rytterbilledet, idet rytterbilledet – selvom det ikke er det ældst registrerede – så dog det ældste bevarede kalkmaleri i Danmark.

Da kristendommen kom til Danmark, var det i form af den katolske tro, der på det tidspunkt fremhævede læren om sjælenes frelse og skærsilden: Når et menneske døde, var det målet for menneskets sjæl at nå til paradis, men da mennesket er syndefuldt, kunne dette ikke ske, uden at sjælen blev renset i skærsilden. Kun helgener og martyrer behøvede ikke opholdet i skærsilden. Da de havde levet deres liv så fromt og godt, kunne de gå direkte til paradis. Skærsilden var et frygteligt pinested, men var altså nødvendig, hvis man ville frelse sin sjæl. Og det ville middelaldermenneskene – de ville gøre alt, hvad der stod i deres magt for at opnå deres sjæles frelse. Dette var lige så virkeligt for dem som at skulle have mad hver dag. Et middel til at forkorte opholdet i skærsilden var bl.a. at give gaver til kirker og klostre for på den måde

at købe sig til en andel i præsternes, munkenes og non-
nernes bønner og gudstjenester. Så selvom klostrene kom
med ny viden om bl.a. teknik og lægeurter, og munkene
kunne skrive og læse – også latin, så var den åndelige be-
tydning vigtigst, idet man håbede at få del i den velvilje i
det hinsides, som man troede, at munkene og nonnerne
skabte med deres religiøse liv.

De første munke og nonner, der kom til Danmark var
benediktinere, og de slog sig for størstedelen ned i om-
rådet langs Gudenåen. Her var let adgang til fisk, som
var tilladt mad i fasteperioderne. Her var man mindre
udsat for plyndringer, og her var vandkraft til at drive
de nye vandmøller. Sidst, men ikke mindst var åen en
transportvej, ad hvilken man kunne fragte såvel forsy-
ninger som gaver og tiende til klostret.

Et af de klostre, som blev anlagt ved Gudenåen, var
Ring Kloster. Det blev sandsynligvis anlagt i forbindelse
med Kalvø Kloster, idet man ofte anlagde klostrene som
dobbeltklostre. Munke og nonner kunne ikke bo i det
samme kloster, men det var nødvendigt for et nonneklo-
ster at have tæt forbindelse til et munkekloster, da man
skulle have en uddannet mand til at forestå gudstjene-
sterne og forbindelserne udadtil.

Om Ring Kloster ved vi fra koncentrerede fund af
synåle, at nonnerne har været beskæftiget med håndar-
bejde, og vi ved også, at der blev drevet skole for adelens
børn. Af omtale hører vi først om Ring Kloster i 1203,
hvor en prior fra Ring var blandt vidnerne til Århus-
bispen Peder Vognsens testamente. Dette kunne tyde på,
at klostret på daværende tidspunkt ikke blot var i fuld
funktion, men også havde opnået en vis position.

Om Kalvø Kloster derimod ved vi, at det allerede i 1168 en kort overgang blev overtaget af fordrevne cisterciensermunke fra Veng. Der var på dette tidspunkt kun tre benediktinermunke tilbage på Kalvø.

Helt forkert vil det derfor ikke være ud fra det ovenstående at drage den slutning, at Ring Kloster må have etableret sig i begyndelsen af 1100-tallet og konsolideret sig i den første halvdel af 1100-tallet. At det er lykkedes, og at man endda har haft overskud både åndeligt og økonomisk, viser tilstedeværelsen af Lyngby kirke, idet vi må antage, at Ring Kloster stod bag opførelsen af denne. Senere i middelalderen kom Ring Kloster også til at eje de ti gårde, som landsbyen Lyngby bestod af.

Den antagelse, at Ring Kloster stod bag opførelsen af Lyngby Kirke, underbygges ved sammenligning af Lyngby kirke med den nærliggende Vitved Kirke, som blev bygget af nonnerne fra Ring. Her ses stor lighed mellem kirkebygningerne og i høj grad også mellem granitreliefferne. Forskellen mellem Lyngby kirke og Vitved kirke er bl.a., at der i Lyngby kirke kun findes ormeslyng, mens ormeslynget i Vitved kirke står ved siden af rankeornamentik. At det forholder sig således må skyldes, at Vitved kirke er yngre og knap så gammel som Lyngby kirke, idet rankeornamentikken med tiden blev den kristne omformning af ormeslynget.

Set i forbindelse med Ring Kloster og Vitved Kirke samt rytterbilledets skjoldforme (omkring midten af 1100-tallet ændres skjoldformen, idet øverste kant fra nu bliver lige) må det antages, at Lyngby Kirke har stået som ny og moderne kirke i 1140'erne. Her mødte mændene den imponerende løve og ormeslyngsstenen, når de gik ind ad syddøren. Og det første, der mødte kirkegængernes blik bag døbefonten, var det store og imponerende rytterbillede. Også det tilhørte den nye tid, idet rytterhæren første gang anvendtes i slaget ved Fodevig i 1134.

Da rytterbilledet er fundet på det ældste lag kalk, må Lyngby Kirke være født med billedet. Det er præget af stor elegance og sikker streg, og det sidder på det mest oplyste sted i kirken, når man går ud fra kirkens oprindelige indretning, hvor døbefonten stod mellem nord– og syddøren. Rytterbilledet er et meget levende og stærkt dramatisk billede, som viser to riddere i det øjeblik, hvor de møder hinanden med fældede lanser. At det er en kamp på liv og død, viser lansernes od, som er spidse og altså ikke er beregnet til turnering. Et andet symbol på kampens alvor er forskellen på hestenes manker (se senere i denne artikel om kirkedøren på Valthjofstadier kirke): Den vestre rytters hest har kort stiliseret manke, hvilket – ifølge traditionel symboltolkning – viser, at han er den, der taber og ridder mod døden. Mens den østre rytters hest har lang manke, hvilket tyder på sejr. Det samme gør fanen på lansen. Ryttere og heste er fremstillet i profil, som man gjorde i den første del af den romanske periode. Der synes at være tale om en skitse, som aldrig blev gjort færdig. Af billedet selv kan vi ikke slutte videre – hverken om riddernes identitet eller om slaget.

Når man finder et billede som rytterbilledet i Lyngby kirke, hvor man ikke kan finde frem til en tolkning ud fra de elementer, som billedet selv består af, må man ud og se, om der findes lignende billeder andre steder, og i så fald hvad disse fortæller.

13

Der findes rytterbilleder andre steder i Danmark. De fleste danske rytterkampbilleder findes i Jylland, som har haft omkring 15 kirker med kampscener foruden flere relieffer. Disse jyske rytterkampbilleder er for tidlige til, at man kan sætte værkstedsnavn på, de inddeles i to grupper: *Jellingegruppen*, hvortil hører kirkerne: *Højen, Hvejsel, Ølsted, Skibet og Ål.* Og *Århusgruppen*, hvortil hører kirkerne: *Skanderup, Hornslet, Mårslet, Lisbjerg, Lyngby, Vellev og Tulstrup.* Ingen af disse rytterkampbilleder bærer indskrifter. Derfor kan de heller ikke tolkes med sikkerhed. Nogle af dem skal måske gengive scener fra Det gamle Testamente eller legenderne om Den Hellige Gral. Men der kan være flere motivbaggrunde tænkt med i de enkelte billeder: f.eks. korstog og rytterhærens popularitet, kampen mellem det onde og det gode – i kirken – og i det enkelte menneske. Hertil kommer, at der skelnes mellem rytterfriser på nordvæg og på østvæg, hvor billederne på østvæggen har forbindelse med messeunderet, mens billederne på nordvæggen henvender sig til (især den mandlige del af) menigheden: Den kamp, der på kirkevægen fremstilles *corporaliter* (legemligt), skal opfattes som symbol på den kamp, den kristne må udkæmpe *spiritualiter* (åndeligt). Rytterfriserne kan også være tænkt direkte som korstogspropaganda, ligesom spændingen mellem kirke og ridderstand ofte indgår i motiverne.

Ved nærmere undersøgelse viser det sig dog, at såvel Jellinge-gruppen som Århus-gruppens billeder alle er 50 år yngre end rytterbilledet i Lyngby og derfor ikke er direkte anvendelige som tolkningshjælp i denne sammenhæng.

Hvis vi skal finde noget i Danmark, som er direkte i slægt med Lyngbybilledet, må vi til Bislev i Himmerland, hvor vi finder Lyngby-motivet på en granitrelief, som antages at være en gravsten. På denne sten findes der yderligere to scener taget fra en motivbaggrund, som må være fælles med Lyngbybilledets: En scene, hvor der kæmpes til fods, og én, hvor rytterne ridder bort med en jagtfalk imellem sig. Sandsynligt synes det således at være, at den afdøde i Bislev har håbet at kunne sige som Paulus: *Den gode strid har jeg stridt, løbet har jeg fuldført, troen har jeg bevaret. Så venter mig nu retfærdighedens sejrskrans.* (2. Tim. 4,7-8). Eller: *I øvrigt, vær stærke i Herren og i Hans mægtige styrke. Ifør jer Guds fulde rustning, så I kan holde stand mod Djævelens snigløb.* (Ef. 6,11). Der foreligger dog også den mulighed, at Bislev-stenen har været overligger over den søndre indgangsdør. I det tilfælde gælder ordene den, som træder ind i kirken: *For troen må der kæmpes – men kristendommen sejrer til sidst.* Hvis Bislev-stenen alligevel har været en gravsten, kan motivet også antages at ville fortælle, at her ligger den mand begravet, som indførte kristendommen i Bislev (se senere).

Jagtfalken, som vi finder på Bislev-stenen, var tidens symbol på forgængelighed, og vi finder den igen på f.eks. Valthjofstadier kirke på Island. Her er der tale om et fyrtræsrelief, hvor vi først ser, hvordan kongen, der ridder på en langmanket hest med jagtfalken flyvende bagefter, befrier en løve fra en drage. Dernæst ser vi, hvordan den samme konge ridder – nu har hesten en kort stilliseret manke (ganske som vestrytteren i Lyngby), og jagtfalken flyver foran – mod gravhus og gravsten med runeindskriften: *Mægtige konge, her begravet, som dræbte denne drage.* Kirken siger hermed, at – i hvor mange og store bedrifter en konge foretager sig i sit liv – så ender det – for kongen som for alle andre – med døden: *Sic transit gloria mundi* (således forgår verdens herlighed).

I Verona i Norditalien genfinder vi endnu engang Lyngbymotivet, ja, alle tre motiver fra Bislev-stenen. På San Zeno kirkens vestfacade findes disse motiver som relieffer. Og her ved man, hvad de forestiller. De forestiller den østgotiske konge Theodoriks kamp med og sejr over germanerkongen Odoaker, som havde indtaget Italien, men ikke ville acceptere Kejser Leo af Byzans ved at føre kejserens mærke (en løve) i sit banner. Derfor allierede Kejser Leo sig med goterkongen Theodorik, som i modsætning til Odoaker gerne ville føre kejserens mærke i sit banner. Det kom herefter til et slag mellem Theodorik og Odoaker, hvor Theodorik vandt. Dette slag fandt sted uden for Verona i 489. Men selvom Theodorik vandt slaget uden for Verona, overgav Odoaker sig dog først efter tre års belejring af byen Ravenna i året 493. Under fredsfesten herefter dræbte Theodorik Odoaker. De katolske italienere modtog Theodorik som en befrier. For selvom han var arianer, så var han dog kristen. Først da han i sine senere år nægtede at overgive de meget smukke arianske kirker til katolikkerne, blev han upopulær og betragtet som en kætter.

I sagnet er den store goterkonge, Theodorik af Verona, blevet til Didrik af Bern (Bern er kortform af Berona, som er en ældre stavemåde for Verona). Løven i kejser Leos banner afbildes som en fane på Didriks lanse eller en løve, som han engang hjalp, og som siden fulgte ham overalt. Theodoriks gamle fjende er blevet til en drage, han besejrer. Derudover har man århundred for århundred føjet flere og flere legender til Didrikssagaen. At denne saga var kendt her i landet viser f.eks. visen om Kong Valdemars vilde jagt, hvor man har fordansket træk herfra, ligesom vi finder en fortælling fra sagnkredsen afbilledet på Låsby-portalen.

Vi kan således konkludere, at rytterbilledet i Lyngby kirke må tolkes ud fra San Zeno kirkens vestdør – samt at hestenes lighed med hestene på kirkedøren i Valthjofstadier viser, at den sejrende rytter er den rytter, der kommer ridende fra øst på den langmankede hest og bærer en fane i sin lanse.

For videre tolkning af rytterbillet må vi inddrage Lyngby kirkes øvrige udsmykning: Granitreliefferne og Gertrudstenen.

Af granitrelieffer i Lyngby kirke er der først og fremmest de to løverelieffer: Den store ved søndre indgangsportal, hvor løven har slugt et menneske – kun benene hænger

ud af løvens mund. Hertil
kommer det lille løverelief,
som findes på den søndre
kragstens endeflade. Den

side, som menigheden har set på søndag efter søndag.
Kragstenens ormeslyng på langsiden har menigheden
kun set ved påskealtergangen (man gik kun til alters den
ene gang om året), hvor det har tjent som en tilskyndelse
og bekræftelse i det gode ved at skrifte, gøre bod og gå til
alters for således at komme frelst gennem verdens ond-
skab (som ormeslynget symboliserer). Man går gennem
verdens ondskab – gennem korbuen med ormeslyng på
begge sider og ind til frelsen ved alteret. Selvom vi kun
har den søndre kragsten, må vi gå ud fra, at den nordre
har været magen til, idet det forholder sig således m.h.t.
kragsten i andre af de omkringliggende kirker bl.a. Hasle
og Tranbjerg, hvor også den øvrige udsmykning har store
ligheder med den, vi finder i Lyngby kirke.

Men tilbage til løverne. Ifølge gammel viden fra fol-
kebogen Lucidarius fødte løvinden dødfødte unger, på
tredjedagen kom hanløven og gav ungerne liv. Derfor
– og også fordi løven ganske verdsligt var et symbol på
styrke og livskraft – blev løven et symbol på selve opstan-
delsen samt på den styrke, som de kristne får ved troen
på opstandelsen/dåben. Når menigheden altså under
årets gudstjenester så op på kragstenens endeflade med
løvemotivet, blev de mindet om, at deroppe i koret ved
alteret – dér var midlet til deres sjæles frelse, til opstan-
delse og paradis.

Det store løverelief ved den søndre indgang kunne
man måske fristes til at ville tolke i forbindelse med

rytterbilledet og Didriks-
fortællingen, fordi det her
fortælles, at Didrik engang
sammen med sin ledsager
Fasold redede en mand, der
var halvt slugt af en drage.
Man kunne tænke sig, at en
stenhugger havde taget fejl
af en drage og en løve. Men
for det første ser man straks,
når man står foran portalen,
hvor smukt, omhyggeligt og
professionelt den er udført.
Der er her tale om en dygtig og professionel hugger,
som ikke ville tage fejl af en drage og en løve. For det
andet fortælles det i Didrikssagaen, at manden var slugt
med benene først, hvor Lyngby-mennesket er slugt med
hovedet først. Vi kan altså ikke se det store løverelief i
forbindelse med Didriksfortællingen.

Det viser sig desuden, at vi i omegnen af Lyngby finder
løvereliefffer, som ser ud til at stamme fra det samme
værksted som Lyngby-relieffet, nemlig i Hasle, Mørke
og Tranbjerg. I to af disse kirker finder vi ydermere en
kragsten næsten overensstemmende med Lyngbys. Der
synes altså at være tale om et professionelt værksted, som
måske blev ledet af en lokal stenhugger. Det kunne være
stenhuggeren Kristen Skytte, som vi ved hørte hjemme i
Århus. I et gammelt sagn fortælles det netop om Kristen
Skytte, at han engang var på Grydholt Mark i Tvis for at
hugge sten, og at han dér havde været med til at trimle et
oksehoved (anker) ud i Århus bugt. *Det havde fra først af*

været fuldt af mjød, men havde ligget så mange år forgemt i pakhuset, at der var avlet en lindorm i tønden. Den kunne formelig skuldre den, så den gav sig ved det, og den kunne give vældige slag imod siden, når den rørte sig derinde. Da folkene nu fik at mærke, at der var et udyr i tønden, turde de naturligvis ikke få den åbnet, men bestemte sig til at lade den sejle af, og ingen har heller hørt om siden, hvad det blev til.

Stenhugger Kristen Skytte troede altså på lindorm, samt at de var at frygte som onde. Er det ham, som har udsmykket Lyngby Kirke med stenrelieffer, kan man forestille sig, at han har talt for udsmykning med ormeslyng sammen med den kristne advarsel, som nonnerne ønskede, nemlig løven, der sluger et menneske, hvor motivet er taget fra 1. Peters brev 5,8: *Djævelen, jeres modstander, går omkring som en brølende løve og søger, hvem han kan opsluge.* På den måde har ormeslynget og det store løverelief samme budskab, og man kan næsten fornemme samtalen mellem Kristen Skytte og nonnerne fra Ring. Man fornemmer samtidig en diskussion mellem den gamle tid, som Skytte repræsenterer, og den nye som nonnerne repræsenterer. Hvor ormeslynget tilhører den gamle tid og motivkreds, tilhører løvemotivet den nye og kristne.

Også stenhugger Horder har været nævnt i forbindelse med Lyngby kirkes stenbilleder, men Horders arbejder er yngre end udsmykningen i Lyngby kirke. Hvis det ikke er Horder, som står bag stenreliefferne i Lyngby kirke, kunne det så være Mester Goti, som har udsmykket Gjøl kirke? Også det må vi svare nej til, selvom tiden passer. Mester Goti er kendt for sine tovsnoninger – gerne dobbelte, og sådanne finder vi ikke antydningen af i Lyngby kirke. Dertil kommer, at Mester Goti er mere selvstændig, selvhævdende og kreativ i sin tankegang og udsmykning, end Lyngby-huggeren synes at have været. Det mest sandsynlige er således, at der som ovenfor nævnt er tale om en lokal stenhugger, hvilket i øvrigt underbygges af det faktum, at vi ikke finder lignende løverelieffer andre steder end i Lyngby og omegn.

Ud over stenreliefferne med ormeslyng og løver findes der i Lyngby kirke den gamle romanske gravsten, Gertrudste-nen. Gertrudstenen er en trapezformet romansk gravsten, hvis udsmykning ty-der på en storbonde/ridder. Og det af indskriften, vi har tilbage, siger: *Her ligger Gertrud, Gunni Albertsøns hustru.* Gunni Albertsøn har altså været en stor-bonde/ridder i området.

Angående rytterbilledets tolkning set i forbindelse med Gertrudstenen og den øvrige udsmykning kan man kan forestille sig flere mu-ligheder.

Man kan forestille sig, at Gunni Albertsøn har givet jorden, hvorpå Lyngby kirke blev bygget, til Ring Klo-ster. Ved at give jorden til kirkebyggeri kan man sige, at Gunni Albertsøn har banet vejen for kristendommen i Lyngby og på den måde kan betragtes som områdets Theodorik – det kan man, hvad enten han selv har gi-vet jorden, eller han har overtalt en anden (evt. Århus-biskoppen) til det.

Hvor kendte Gunni/Gertrud ryttermotivet fra?

Det ved vi ikke med sikkerhed, men tiden (1100-tallet) var en tid, hvor mange tog på pilgrimsfærd. Især tre steder var populære, nemlig Rom, Jerusalem og Santiago de Compostela. Måske havde én af nonnerne fra Ring været på pilgrimsrejse og i den forbindelse overnattet i benediktinerklosteret, der lå tæt ved San Zeno kirken i Verona, og hvad var så mere naturligt end at tænke sig, at hun har deltaget i messen i San Zeno kirken og der set Theodorikrelieffferne på vestdøren.

Eller man kan forestille sig, at en besøgende hos nonnerne – eller biskoppen (hvor Gunni og Gertrud som tilhørende ridderstanden jævnlig har været gæster) – har fortalt om disse relieffer og historien bag dem.

Mod de ovenstående to antagelser taler dog det faktum, at et billede som rytterbilledet som oftest var ønsket af ridderstanden og ikke af kirken. På den måde kunne ridderstanden nemlig pointere sin position i forhold til kirken for menigheden. Og derfor fortæller tilstedeværelsen af sådan et rytterbillede ofte om en vis spænding – om ikke ligefrem uenighed mellem ridderstand og kirke.

En tredje mulighed, som for mig synes at være den mest oplagte, er derfor, at Gunni Albertsøn har været den religiøse leder på Lyngby-egnen. Og da Gunni og Gertrud vælger at gå over til kristendommen, ønsker de at markere dette dels ved at sørge for, at der bliver bygget en kirke i Lyngby, som de selv vil bekoste den indvendige udsmykning af, dels ved at Gunni Albertsøn drager på pilgrimsfærd til Rom, hvilket stemmer med, at det store løverelief ved søndre indgang synes at være en illustration af 1. Peters brev 5,8 (apostelen Peters grav var i Rom). Undervejs på pilgrimsrejsen bliver Gunni dog syg eller kommer til skade og tager ophold på benediktinerklostret i Verona, hvor han også deltager i messerne i San Zeno kirken. Gunni Albertsøn dør desværre i Verona, og da Gertrud modtager meddelelse om Gunnis død, får hun også kendskab til vestdøren og dens relieffer – hvortil rytterbilledets motiv hører. Hun beslutter at udsmykke Lyngby kirke med rytterbilledet af flere grunde: Fordi Gunni er den, der som Theodorik har indført kristendommen i Lyngby, og fordi Gunni var ridder. Men hun gør det også for at vise, at Gunni har været på pilgrimsfærd. På den måde får rytterbilledet samme værdi og betydning som andre pilgrimstegn, en palmegren fra Jerusalem eller en Ibskal fra Santiago de Compostela. Rytterbilledet viser som pilgrimstegn, at Gunni efter døden er gået smertefrit gennem dommen til paradis, hvilket var noget, der skabte respekt og eftermæle blandt middelalderens mennesker.

At nonnerne ikke har været særligt begejstrede for det verdslige ryttermotiv kan sluttes af det faktum, at maleriet går i stå, da Gertrud dør. Det mest nærliggende var, at nonnerne havde taget over og gjort maleriet færdigt – de fik jo dog tiende fra Lyngby sogn. Og en tredjedel af den tiende skulle efter reglerne bruges til kirken. Men der var ingen, der gjorde billedet færdigt. En medvirkende årsag til, at det gik således, kan have været, at Lyngby-egnen blev ramt af pesten fra Århus (1143). Først 50 år efter, da man var kommet over pesten, og der var kommet nye til i Ring, var man også kommet så langt væk i tid fra uenigheden om rytterbilledet, at man bestemte sig for at gøre Lyngby Kirke i stand indvendigt. Og så er det, at man maler hele kirken med smukke farver og bibelsk korrekte motiver, som Lazarus' opvækkelse og Moses, der slår vand af klippen. Så er endelig den af nonnerne ønskede overensstemmelse mellem de bibelsk korrekte løverelieffer og kirkens vægudsmykning nået.

Hvis det forholder sig som ovenfor nævnt, er uoverensstemmelsen i grunden en uoverensstemmelse mellem den verdslige og den åndelige magt – mellem ridderen og storbonden Gunni Albertsøn – senere hans hustru Gertrud og nonnerne i Ring. Gunni Albersøn og hans familie må have været en stærk familie, siden det lykkes Gertrud at gennemføre sit motivvalg. Men måske er det opfordringen til korstog, som har kunnet forene Gertrud og den beslutningstagende fra Ring i den beslutning, som nonnerne i grunden helst ikke så gennemført. Og endelig må Gertrud også have været meget respekteret i lokalsamfundet. Det kunne være historien bag Lyngby Kirke.

Foto

Blomstrende lyng, Laila Sølager
Bislevstenen, fra Bislev kirkes hjemmeside
Tegning:
Det store løverelief, kragsten, rytterbillede og Lyngby
kirke fra nordsiden, Anne Mette Wind Gundesen
Lyngby kirke fra sydsiden, V. Madsen.

Gertrud og Gunni Albertsøn og Nonnerne fra Ring

af Vini Madsen

Det var en dag som alle andre i året 1135, og i Lyngby var der som sædvanlig hverdag. Alle havde travlt med hver sit – mange af landsbyens folk var på arbejde på hovedgården, som lå for sig selv. Den havde større jordtilliggende end de andre otte ni huse, hvoraf over halvdelen var grubbehuse, der lå halvt nedgravet i landskabet. Vinduer havde kun hovedgården – og det kun ind mod gårdspladsen. Gården var som de andre af træ, men udmærkede sig ved, at der var et tårn bygget til på den ene side. Og i det tårn var der altid en mand på vagt, så man vidste, hvornår der kom fremmede til gården.

På hovedgården boede Gunni Albertsøn og hans hustru Gertrud, som begge ikke var helt unge længere. I hvert fald var de så gamle nu, at de vidste, at børn, det blev det ikke til for dem. Og selvom Gunni stadig var en betydelig mand i Lyngby, så havde det jo ikke så meget at sige andre steder. Men der, hvor han kom fra, havde der været mange sønner, og Lyngby var så blevet hans lod i livet.

Gunni havde dog een stor lykke, og det var Gertrud, som han var bleven gift med, da hun var en helt ung pige. Stolt og rank havde hun været. Og selvom hun var ung, havde hun kendt sin plads og sine opgaver og havde på den måde sat sig i respekt blandt folkene på gården allerede fra begyndelsen. De havde selvfølgelig regnet med at få mange børn, Gunni og Gertrud, men det var ikke sket, og i den sidste tid lå det ligesom en tung sky over deres liv. For havde de ingen børn, kunne de ikke regne med at få et godt eftermæle – hvem skulle give dem det?

Dertil kom, at Gunni, som var den religiøse leder i Lyngby, snart måtte tage en meget vigtig bestemmelse: Skulle han holde fast i den gamle religion? Eller skulle han gå over til den nye religion – med dyrkelsen af Hvide Krist? Den afgørelse var gennem de sidste år blevet meget påtrængende, da der var kommet to klostre i nærheden, nemlig Kalvø og Ring. Det var nu mest nonnerne, der kom i området, og som derfor også – bare med deres tilstedeværelse – gjorde det nødvendigt, at Gunni traf en klar afgørelse. At det var en vigtig afgørelse vidste alle, for afgørelsen kom til at gælde for hele landsbyen. Gik Gunni og Gertud over til den nye religion, skulle alle andre i landsbyen følge dem. Så det *var* en vigtig afgørelse. Det var det også i en anden henseende, for Gunni ville nødig miste den respekt og anseelse, han nød som religiøs leder. Og *det* vidste både han og Gertrud – at leder af en eventuel kirke – det kunne Gunni ikke blive, for gudstjenesterne for Hvide Krist blev ledet af præster.

Men så var det, at Gertrud havde fået den ide, at de kunne løse disse problemer på én gang. Gertrud havde en bestemt ting i tankerne, og jo mere hun havde tænkt det igennem, jo mere forekom det hende at være det eneste rigtige for hende og Gunni. Gertrud var en klog kvinde, åben for nye muligheder, hvor de bød sig. I stedet for at være fjendtlige over for nonnerne fra Ring måtte de gøre fælles sag med dem. Det var jo dygtige kvinder, det kunne hun godt se. Når de ikke deltog i gudstjeneste og bøn, syede de smukke håndarbejder, som var berømt viden om. Og så var ophold på Ring kloster tillige en god mulighed for kvinder af hendes egen stand, som ikke kunne blive gift. Derfor havde Gertrud foreslået Gunni, at han skulle ride ind til biskoppen i Århus og overtale ham til at give jord i Lyngby til Ring kloster, så nonnerne kunne bygge den kirke, som de så brændende ønskede. Kristendommen var jo også den ny tids tro, som Gertrud lige fra begyndelsen havde været tilhænger af. Det var en tro, som åbnede verden og gjorde den mere tryg og sikker at leve i, og så tiltalte den i høj grad Gertruds retfærdighedssans, fordi den tillagde alle mennesker lige stor værdi – over for Gud.

Altså havde Gertrud forelagt sine tanker for Gunni: Den nye biskop måtte overtales til at give jord og penge til Ring kloster, så nonnerne kunne bygge en kirke i Lyngby. Hun og Gunni kunne da bekoste den indvendige udsmykning af kirken. På den måde ville de få et eftermæle. Ydermere – for virkelig at markere overgangen til den nye tro for de andre i landsbyen – og ikke mindst for den nye biskop og nonnerne – måtte Gunni drage på pilgrimsfærd. Så ville alle, lyngbyerne, nonnerne og biskoppen, forstå, at Gunni og Gertrud mente det alvorligt og respektere dem. Og Gunni – ja, han syntes som sædvanlig, at Gertrud havde ret, derfor fik han en aftale i stand med biskoppen i Århus.

Endelig kom så dagen, hvor Gunni red af sted mod Århus – Gertrud havde sørget godt for ham om morgenen.

Det var ikke en lang tur, men alligevel skulle han ride igennem skoven, og spændt var hun også på udfaldet, som hun stod der og så Gunni ride af sted – først ad vejen, så over lyngstrækningerne, inden han forsvandt i skoven.

Han var flot til hest – hendes Gunni. En flot mand var han, og flot var hans tøj og hestens udstyr. For slet ikke at tale om hans sværd, som han havde fået lavet ganske specielt til sig selv. Det havde været en lang proces hos smeden, og kostbart havde det også været. Men det var det værd, tænkte Gertrud, som hun stod der foran gården og så Gunni ride af sted.

Ellers var der ikke så meget at sige om Gunni Albertsøn, nej det mest bemærkelsesværdige ved Gunni var nok hans hustru Gertrud. Ligeså karakterløs Gunni var i sin optræden, ligeså fast og retfærdighedssøgende var Gertrud. Hun bar hjemmets nøgler med rette i sit bælte. De var alle i nøgleringen, som hang ved siden af rosenkransen. Den rosenkrans, som Gertrud lod glide gennem fingrene, så snart hun havde et ledigt øjeblik. Ja, for var der noget, som var vigtig for Gertrud, så var det den kristne tro på sjælens frelse. Det havde hun også indprentet sin mand, og derfor og for deres eftermæles skyld var Gunni i dag draget ind til biskoppen for at forelægge ham deres tanker. Og det var nu, tænkte Gertrud, at dette skulle gøres: Mens biskop Illuge var ny i embede og havde brug for alle de støtter, han kunne få. Det var nu om nogensinde, de ville kunne få ham til at give jord til nonneklostret i Ring. Og bagefter – når kirken var bygget, så kunne Gunni og hun bekoste den indre udsmykning af Lyngby kirke. Alt sammen ville det få

Gunni og hende til for eftertiden at stå som medstiftere af Lyngby kirke, men først og fremmest ville det hjælpe dem med at få deres sjæle hurtigere gennem skærsildens pinsler over i paradis efter døden. Dertil kom, at livet jo var farefuldt og besværligt – især for én som Gunni, der nok var ridder, men ikke var til de store bedrifter. Det var vigtigt for ham at stå sig godt med autoriteterne i området: med biskoppen i Århus og nonnerne i Ring. Og så trængte de faktisk virkelig til at få en kirke herude mod vest, tænkte Gertrud, for var der et sted, hvor overtroen var levende, så var det her. Og var der nogen, der skulle hjælpe hende og Gunni, så måtte det være nonnerne i Ring. Kalvø-munkene kunne man ikke regne med, de gik mere op i at skrabe tiende til sig og leve behageligt. Nej, det måtte være nonnerne – det tiltalte hende i grunden også mest personligt.

Gunni red af sted i den tidlige morgendis gennem store lyngstrækninger og skoven og nåede til voldgraven og volden, som omgav Århus helt ned til østenden af søen (Brabrand sø). Det tog lidt tid at komme over voldgraven og gennem volden, men sikke et liv, der udfoldede sig i byen. Her var et leben af en anden verden af mennesker og dyr – og der var værksteder og boder, hvor man kunne købe de fineste træskærerarbejder og husgeråd. Gunni stod af hesten og gik lidt omkring og så på de forskellige ting – der var endnu tid, inden han skulle være hos biskoppen. Mange handelsmænd var kommet til byen den dag, og Gunni så, hvordan de falbød deres varer: Vægtlodder og kværnsten fra områderne langs den store flod mod syd (Rhinen), klæbestensvarer fra Norge. Ja, tænkte Gunni, det var i grunden helt utroligt, at man kunne sejle dertil hele året, selvom det lå så langt mod nord. Men nu blev hans blik fanget af de smukkeste krukker, kander og skåle. De var lavet af ler og havde helt flad bund og smukke linjemønstre – nogle havde lige linjer, andre havde bølger. Men det, som især gjorde dem forskellige fra de krukker, de selv lavede hjemme på gården i Lyngby, var, at disse krukker var glatte i leret og flammede i smukke farvenuancer lige fra helt grå over i en smuk gråbrun farve. Ja, tænkte Gunni, smukke er de, det er sandt og vist, men vores egne er nu ganske gode og brugbare, og det er jo i sidste ende det, som tæller.

Men da han kom til en bod, hvor de solgte smykker, var han nødt til at standse op: Der var store krukker med forskellige perler i alle størrelser og farver. Der var også de smukkeste perlemorsknapper, der skinnede som regnbuen. Og så var der sølv – og kobbernøgler – dem måtte han se nærmere på. Det var et meget specielt smykke – det blev kaldt nøglen til himmerige. Sådan én ville han købe til sig selv og Gertrud, så de kunne følges ad også på den anden side af livet. Snart efter red han videre med nøglerne i sin taske, han glædede sig til at give Gertrud nøglen om halsen, og også til selv at få sin på. Men i første omgang red han videre mod bispe-gården. Han var spændt på, hvordan det ville gå. Det var jo ikke blot hans og Gertruds eftermæle det gjaldt, men også deres position i det lokale samfund. Ja, måske kunne han endda også vinde en stærkere position hos den nye biskop, end han havde haft hos biskop Ulkil, som ikke engang havde indkaldt ham til slaget ved Fodevig i Skåne sidste år.

Gunni blev vel modtaget hos biskoppen. Han blev ført

ind i salen og bænket ved bordet ved siden af biskoppen, som havde sin egen stol for bordenden. Biskoppens stol havde smukke udskæringer og 'himmel', så han sad godt og lunt. Der hang smukke tæpper på væggene med mønstre, som næsten blev levende, når ilden var tændt, og dens flammer kastede skygger på væggene, det havde Gunni set, da han og Gertrud var til den store messe, hvor den nye biskop blev indsat i sit embede. Men nu var det hen på formiddagen, og man klarede sig med det lys, der faldt ind fra vinduerne samt tællelysene på bordet. Mens Gunni og biskoppen sad der ved bordet, blev der sat øl i krus foran dem og hvidt brød. Gunni tog for sig af begge dele, det var høfligst, og han havde brug for biskoppens velvilje. Han spurgte til den politiske situation, det var jo kun lidt over et år siden, biskop Illuge var kommet til magten, efter at biskop Ulkil døde så langt væk som i Skåne i slaget ved Fodevig. Det var måske godt nok, man ikke kom med alligevel, tænkte Gunni, for det havde været et frygteligt slag, og for første gang i denne del af verden havde man kæmpet til hest.

Da biskoppen var blevet godt tilpas af at fortælle om sit, spurgte han til Gunnis ærinde. Og Gunni forelagde da sin og Gertruds ide om at forære jord derude vestpå i Lyngby til klosteret i Ring, så nonnerne kunne bygge en kirke. Den indvendige udsmykning ville han selv og Gertrud bekoste. Og som en understregning af overgangen til troen på Hvide Krist ville Gunni »tage staven« for sin egen og Gertruds frelses skyld, og for at alle kunne se, at Gunni Albertsøn og hans hustru Gertrud for alvor var bleven kristne. Biskoppen, som gerne ville styrke sine forbindelser i sit område og stå sig godt med klostret i Ring, syntes, det var en god ide. Lyngby var et yderområde, og befolkningen var ikke umiddelbart kirken venligt stemt. De levede efter de gamle hedenske skikke og følte på den måde ikke nogen større tilknytning til biskoppen i Århus. Hvis der blev bygget en kirke, kunne man håbe, at den også satte sig spor, således at lyngbyerne blev gode kristne og ikke længere følte sig i modsætning til biskoppen i Århus. Også Gunnis pilgrimsfærd var noget biskoppen bifaldt, da det viste, at Gunni var loyal over for kirken. Og det var godt, tænkte biskoppen, at have en loyal mand i Lyngby, som kunne holde nonnerne fra Ring lidt på plads. Pilgrimsfærden ville også legitimere Gunnis og Gertuds ret til at udsmykke Lyngby kirke indvendigt. At udsmykke en kirke indvendigt var noget meget særligt. Det var ikke noget, man sådan bare gjorde, for kirkerummet blev betragtet som en forsmag på det himmelske Jerusalem. Det var noget helt særligt, for det var her, man havde mulighed for at opnå sjælens frelse, hvilket var det vigtigste i livet for menneskene dengang, for kun på den måde kunne man få adgang til Paradis.

Gunni og Gertrud havde allerede haft samtaler med nonnerne om det kommende kirkebyggeri og pilgrims-færden. Og ingen kunne være uenige i, at de tre største pilgrimsmål i verden dengang var Jerusalem med Jesu grav, Rom med apostlene Peter og Paulus' grave og Santiago de Compostela med apostelen Jacobs grav. Men nonnerne i Ring havde forbindelse med et kloster i Verona, der ligesom Ring kloster levede efter Den hellige Benedikts regler. Til dette kloster i Verona var man ved at bygge en smuk og ny kirke. Den skulle hedde San Zeno til minde om Veronas skytshelgen af samme navn. Og da Gunni vel havde et smukt og unikt sværd, men ikke var så ivrig efter at bruge det, og da der alligevel var et hold på fire nonner fra Ring, der skulle til Verona, så kunne de lige så godt følges ad. Således var det planlagt, at Gunni og nonnerne skulle følges ad til Verona. Derfra skulle Gunni selv forsætte videre det sidste stykke vej til Rom. Alt det fortalte Gunni Albertsøn biskoppen, som ikke kunne andet end at bifalde dette, fordi det på alle måder ville styrke kirken og især hans egen position.

Så blev der snakket videre, og pilgrimsrejse og kirke-byggeri blev nøjere forelagt biskoppen. Aftalen blev, at Gunni først af alt skulle sørge for snarest muligt at få sat hovkørsel i gang, så alle de granitsten, der lå rundt omkring på Lyngbys marker, kunne blive samlet på ét sted. Dernæst skulle han endnu engang ind til Århus, for her boede den dygtige stenhugger Kristen Skytte. Planen var at få Kristen Skytte og hans huggere til at grovhugge stenene, som skulle bruges til at bygge kirken med. Det var et arbejde, som nok krævede sin mand: To dage tog det at hugge en sten firkantet – men så skulle det også være en dygtig hugger. Imens skulle nonnerne tage for-bindelse til en byggemester, som kunne lede det egentlige byggearbejde. Biskoppen og Gunni var enige om, at det nok ville tage en syv år, før kirken kunne stå færdig på bakken. Således måtte man regne med, at den ville være færdig til indvendig udsmykning midt i året 1142. Hvis alt gik vel, måtte Gunni altså af sted på pilgrimsfærd tidlig på sommeren 1141 – om seks år.

Så var der selve pilgrimsfærden. Også her kunne Gunni

fortælle biskoppen, hvad nonnerne, som havde stort kend-skab til disse sager, havde fortalt ham: De fleste af dem, som »tog staven«, fulgte Rom-vejen til Køln og Aachen og derfra videre ind i Frankrig, hvor de fordelte sig på forskellige ruter, alt efter om deres mål var Santiago de Compostela, Rom eller Jerusalem. Det var en vej, som førte til mange smukke bygninger, som man aldrig havde set mage til her i landet. Især domkirken i Køln havde Gunni hørt om, det var der, man kunne besøge De hellige Tre Kongers grav. Det syntes Gunni lød helt himmelsk, men nonnerne kendte en anden vej, der førte i lige linje til Verona, hvorfra Gunni let ville kunne slutte sig til dem, som fulgte den sædvanlige Rom-rute. Vejen, som non-nerne havde foreslået, gik ad den store vej (hærvejen) mod syd til Hedeby (Slesvig), derfra gik man til Hamburg, videre til Würzburg, Augsburg, Innsbruck, gennem det lave Brenner-pas til Trient og derfra til Verona. Fra Verona kunne Gunni – efter en passende hvilepause – så fort-sætte til Rom via Bologna, Firenze – ud til Via Francigena (Frankervejen) til Rom. Tja, sagde biskop Iluge med et lille smil: *Omnes viae Roman perducunt*, (Alle veje fører til Rom). Fordelen ved denne vej, som nonnerne havde foreslået, var, at den gik i næsten lige linje over land – man skulle godt nok over Ejderen og Elben og også igennem Brenner-passet, men tog man af sted først i april, så kunne man uden vanskelighed blive sejlet over de to floder, og så ville det være knap så koldt at komme over bjergene. Om vinteren, fra november til marts, sejlede man ikke, men det gjorde ikke så meget, for det var alligevel for koldt at »tage staven« om vinteren. Nonnerne havde også fortalt, at selve rejsen ville vare ca. tre måneder. Men alt i alt ville det tage længere tid, for ud over selve rejsen skulle man selvfølgelig også deltage i messer de forskellige steder. Og ved selve målet – Den evige Stad Rom, her strålede Gunnis øjne ved tanken – skulle han bede for dem derhjemme og selvfølgelig for sig selv – og deres sjæles frelse. Så alt i alt, havde nonnerne sagt, ville man kunne regne med, at Gunni kunne være tilbage midsommer året efter sin afrejse. Derfor aftalte de, at Gunni skulle tage af sted først i april 1141 – så ville han være hjemme omkring midsommer 1142. Til sidst aftalte Gunni med biskoppen, at han – kort tid før afrejsen – skulle komme til Århus sammen med Gertrud og de fire nonner fra Ring, som han skulle rejse sammen med for at deltage i messe og få et pilgrimspas samt biskoppens velsignelse.

Gunni og biskop Illuge snakkede endnu en stund gemytligt om løst og fast, inden Gunni tog afsked og red hjemad. Han nåede hjem ved solnedgang, og så snart hun hørte ham, løb Gertrud ham i møde for at høre om, hvordan det var gået hos biskoppen. Mens Gunni fortalte, nikkede hun, jo, det var også det, hun havde tænkt, jo det var sådan, det måtte komme til at gå. Men hun elskede Gunni, og hun var bange for, hvordan det ville gå ham, for der var så mange farer, der lurede på en pilgrimsfærd. Dog var der endnu år, før Gunni skulle af sted. Meget skulle også nås inden, byggeriet skulle helst være i sin afsluttende fase, inden Gunni tog af sted, for de forhandlinger, der skulle føre dertil, kunne Gertrud ikke foretage, det tog mænd sig af i disse tider.

Nu var der i øvrigt også kommet noget til, som fordrede, at Gunni skulle af sted hurtigst muligt: Gertrud var bleven syg, hun var blevet ramt af Antonius-ild (helvedesild), og det var altid et spørgsmål om tid, inden der gik betændelse i sårene. Man havde selvfølgelig altid håbet om, at nu var det det sidste udbrud – men man vidste aldrig med den sygdom.

Hvor Gunni og Gertrud således fik flere bekymringer, hvad angik dem personligt, så gik alt vedrørende kirkebyggeriet efter planen. Det viste sig endda, at Kristen Skytte var en meget dygtig mand, som ikke bare kunne hugge markstenene til – han beherskede endda sit værktøj så godt, at han også kunne lave granitudsmykningerne: Både indgangsportalen ved sydsiden, der hvor mændene skulle gå ind i kirken og også kragstenene, alteret og døbefonten. Der var bare lige det med Kristen Skytte, at han var den gamle tids mand, hvilket kom til udtryk i hans samtaler med nonnerne om kirkens udsmykning. Det vigtigste for nonnerne var at advare folk mod det onde i verden, samt at udsmykningernes motiver var taget fra fortællingerne om Hvide Krist – den nye tro. I forhandlingerne lykkedes det dog Kristen Skytte og nonnerne at komme frem til et kompromis. De blev således enige om, at udsmykningen af den vigtige sydindgang skulle bestå af såvel en granitrelief med ormeslyng som en stor granitrelief med en løve, der har slugt det meste af et menneske – kun benene skulle hænge ud af munden på løven. Uha – nonnerne gyste helt ved tanken. Men sådan skulle det være, fordi som nonnerne pointerede: I 1. Peters brev står der i kapitel 5 vers 8: *Djævelen, jeres modstander, går omkring som en brølende løve og søger, hvem han kan opsluge.* Og hvad var mere oplagt i en kirke, hvortil en pilgrimsfærd til Rom,

Den evige Stad, var knyttet. Rom, hvor apostlene Peter og Paulus lå begravet.

Inde i kirken blev de enige om noget lignende: Ormeslynget skulle her smykke langsiden af kragstenene, mens endefladen ned mod kirkerummet skulle bære en løve som motiv. Ormeslyngsmotivet var den gamle tids motiv, mens løvemotivet var den nye kristne tids motiv for frelse og opstandelse. Det sidste kunne man læse om i folkebogen Lucidarus, som nonnerne jo så rigtigt påpegede. Men Kristen holdt på nu på sit. Han mente, at de, som ikke var helt overbeviste endnu – sådan ind i deres inderste sjæl, som han sagde, de ville jo nok have det lidt vanskeligt med, at der slet ikke var noget kendt. Men, sagde Kristen, hvis man brugte både de gamle og de nye symboler, så kunne man nå flere. Og så kunne lyngbyerne se, at det gamle og det nye ikke var fjender. Dette synspunkt accepterede nonnerne – og sådan blev det, for en stenhugger som Kristen Skytte var en mand, der stod respekt om. Derfor finder man den dag i dag ormeslyng og løvemotiv sammen i Lyngby kirke.

Imens Kristen Skytte og hans huggere arbejdede med stenene til Lyngby kirke, besøgte Gertrud og Gunni ofte byggepladsen. Der var bygget hytter til den ene side, hvor stenhuggerne og deres familier boede. I den største boede Kristen Skytte, som var mester og ledede arbejdet. Han havde også en hest med til Lyngby og red, så ofte som arbejdet tillod det, ind til sin familie, der boede inde i byen. De gange, Kristen Skytte red ind til familien, red han gerne, så han kunne være i Århus, lige inden mørket faldt på. Så blev han derinde natten over og kom først tilbage næste dag. Og de aftener, hvor Kristen ikke var der, var der fest på pladsen ved huggernes hytter. Huggerne var fattige folk, der flyttede med deres familier fra sted til sted, alt efter hvor de kunne få arbejde. Det bedste var at få arbejde på steder, hvor der skulle bygges store kirker, så skulle familien ikke flyttes så ofte. Derfor kunne huggerne og deres familier nok trænge til de afbræk fra den slidsomme hverdag, som de kunne få. Og Gunni og Gertrud gav da også gerne lidt kød og brød til disse fester, ligesom huggerne kunne hente øl på gården. Kristen Skytte var selvfølgelig godt klar over, hvad der foregik, når han ikke var der. Men han lod det ske, fordi han vidste, at så ville huggerne arbejde des mere, når han kom tilbage.

Mens kirken blev bygget, var det, som om Gertrud blev draget af stedet og byggeriet, for det var ligesom, der var noget af hende og Gunni heri. Men hun var også lidt bange, for Kristen råbte og kommanderede med sine mænd. De sled og svedte, hvad enten det var varmt eller koldt, og farligt var det ofte også at færdes på byggepladsen. Især blev det farligt til sidst, hvor man var nået i højden. Faldt en sten ved siden af, kunne det betyde døden for den, der stod under. Men hun kom troligt, hun måtte, for det var Gunni og hendes eftermæle – og først af alt var det midlet til deres sjæles frelse.

Hen på sommeren 1140 stod kirkebygningen næsten færdig, og det var et meget, meget smukt syn: Lyngen blomstrede, og kirken glitrede i solen: Nu varede det ikke længe, inden man også kunne opnå sjælens frelse i Lyngby. Den fremmede bygmester var på færde tidlig og sent, det var så vigtigt, at væggene fik den rette hældning i højden, så man ikke risikerede, at det hele væltede og i stedet for at blive til Lyngbys velsignelse blev til Lyngbys forbandelse. Det var så vigtigt – det vidste også Kristen Skytte, som havde trukket sig lidt tilbage. Han forberedte nu bygningen af alteret og døbefonten efter anvisning fra bygmesteren. Det var helligt arbejde, og mange kom og så på – ville helst røre, hvem kunne vide: Måske kunne der ske et mirakel, og syge kunne blive raske. Men Kristen krævede ro – han kunne ikke have folk rendende, når han beskæftigede sig med så hellige ting som alter og døbefont. Det forstod man godt – men om natten, når de trætte huggere sov, listede folk sig alligevel op på bakken og rørte ved stenene. Det gik så hurtigt, at ingen opdagede noget, men indimellem hørtes der dog om nogen, der kunne fortælle, at én og anden var bleven mirakuløst rask efter at have været oppe på bakken om natten.

Det var nu kommet så vidt, at det var ved den tid, at Gunni og Gertrud og nonnerne måtte drage til Århus til messe, så Gunni og nonnerne kunne få deres pilgrimspas og velsignelse af biskoppen. Landsbyens folk tog afsked med Gunni og Gertrud, og da de vendte tilbage, var den ny tid ved at tage sin begyndelse i Lyngby.

Den første dag i april måned i året 1141 kom de fire nonner til Lyngby. Her sluttede Gunni sig til dem, og så begyndte Gunni Albertsøn den lange, hårde og farlige – men også eventyrlige rejse mod Den evige Stad. På afrejsedagen gav Gertrud sin husbond gode ting med i posen: brød, røget kød og lidt øl. Ikke meget – det behøvedes ikke, havde nonnerne fortalt, for man ville få mad, hvor man kom frem. Nogle gange gratis og nogle gange skulle man love at bede for dem, der gav, når man nåede sit mål.

Den første del af rejsen ned gennem Danmark var ikke så besværlig – den store vej (hærvejen), som de fulgte, gik inde i landet, og det var jo stadigvæk det gamle land. Overgangen – længere mod syd – over de to floder gik også fint. Alligevel var det hårdt, for Gunni og nonnerne skulle vænne sig til at gå – og også til at være sammen dag og nat. Men allerede efter en uge var de blevet helt fortrolige med at finde de forskellige vejmærker, som nonnerne udpegede efter en medbragt rejsevejledning, skrevet af Abbed Nicolaus.

Først efter Hamburg, hvor de måtte over Lüneburger Heide, viste naturen sig fra sin barske side. I de store skove var bunden fast, så det gik, selvom alle var meget bange, for man kunne aldrig vide, hvilke væsener der skjulte sig her. Men efter skovene blev det sværere, for vejen blev efterhånden meget snoet og våd. Den gik forbi farlige moser og søer. Ja, der var endda steder, hvor man kun kunne gå lige efter hinanden, og ofte kom Gunni og nonnerne til at træde ved siden af de smalle gangbrædder, så de fik våde og kolde fødder. Men når solen stod op så smukt næste morgen, og maven var dejlig mæt af grød og øl, så gik det endda.

Den første store by, de kom til efter Hamburg, var Würzburg, og selvom Gunni og nonnerne af og til havde været i Århus, så var Würzburg overvældende. Her besøgte de domkirken med St. Killian og deltog selvfølgelig også i messen. Det var især én af nonnerne meget glad for, da hun var plaget af gigt. Det var ikke St. Killians dag endnu, men de måtte videre. Dog – havde man bedt om lindring for gigt i St. Killians kirke, så havde man vel lov at håbe, at det ville hjælpe alligevel. Nonnen var i hvert fald fortrøstningsfuld, og alle var de opløftede af det storslåede syn af domkirken. Jo, tænkte Gunni: Man forstår godt, at himlen er nær i sådanne prægtige huse.

Videre gik de. Nu fulgte de vejen mod Augsburg. Det var blevet varmere i vejret, og de måtte ofte gøre holdt for at få noget at drikke. Gunni var begyndt at føle sig sløj indimellem, men hverken han eller nonnerne tillagde det nogen egentlig betydning. Og da de nåede så langt, at de kunne se de imponerende byporte forude, følte Gunni sig atter oplivet. Det var byportene, som førte ind til byen Augsburg. Og var der liv i Hamburg og Würzburg, så var der endnu mere liv her, for Augsburg var en by, som mange handelsmænd måtte igennem, når de færdedes i området. Her fik nonnerne og Gunni tiltrængt hvile og mad og et rart sted at sove om natten. Det hjalp, men på trods af det, var Gunni så småt begyndt at tvivle på, om han ville nå til Rom. Han frygtede for overgangen over bjergene, selvom nonnerne havde fortalt, at de skulle over det laveste pas.

Da de forlod Augsburg, begyndte landskabet kort tid efter at ændre sig, Gunni og nonnerne mærkede nu for alvor, at bjergene nærmede sig. Det var Alperne, hvor de skulle igennem Brennerpasset. Og selvom Brennerpasset var det laveste pas i Alperne, så var det strengt at komme over, for vinden var meget kold, og fødderne blev blå af kulde, endskønt de var mange, der gik tæt sammen. Kulden var heller ikke det eneste, alle frygtede på denne strækning. Nej, det var farligt, ukendt og ubeboet land her i bjergene, hvem kunne vide, hvad bjergene skjulte af uhyggelige væsener. Selve vejen var ikke så vanskelig at gå ad. Det var en god stenvej, som romerne havde bygget. Nej, det var omgivelserne, som de alle frygtede. Men endelige slap de ud af bjergene og ned i dalen til byen Trient. Og Gunni fik nye kræfter, for nu begyndte han at kunne se til ende på denne lange tur. Der var nu kun ca. 100 km til Verona, hvor klostret lå, som de skulle gøre et lidt længere ophold i. Det trængte han også til, for turen over bjergene havde ikke bekommet ham vel. Gunni var nu mere eller mindre skidt tilpas hele tiden, og hoste gjorde han også. Forhåbentlig kunne nogen af munkene og nonnerne i Veronaklostret finde ud af, hvad han fejlede.

Før Gunni og nonnerne drog videre, skulle de til messe i domkirken i Trient. Betagende og berigende var det atter. Det var især de smukke glasmosaikker, der fascinerede Gunni. På mosaikkerne kunne man se bibelens fortællinger på en helt anden måde end de billeder, de var vant til. Igennem det smukt farvede glas spejlede selve himlen sig og gav en helt overjordisk glans til billederne. I Trient undersøgte nonnerne også Gunni grundigt og fik fat i nogle urter, som de mente måske kunne hjælpe. Det går nok over, sagde de til Gunni, og nu er der kun ca. 100 km til Verona, hvor du kan hvile ud, inden du drager videre til Rom. Det var nemlig aftalen, at Gunni selv skulle rejse fra Verona til Rom og tilbage til Verona igen. Så ville nonnerne blive i Verona-klostret imens. Efter nogle dage i Trient gik de videre mod Verona. I forhold til den strækning, de allerede havde tilbagelagt, var vejen nu let at gå, og vejret var mildere og lunere.

Og selvom Verona stadig var præget af det jordskælv, der havde ramt byen for et kvart århundrede siden, så var det utroligt alle de prægtige bygninger, der fandtes her. Nonnerne og Gunni omfavnede hinanden, nu var de ved det første mål på rejsen. Og nonnerne glædede sig til at skulle til messe næste morgen i den nye smukke San Zeno kirke, som lå tæt ved klostret. Her skulle de bede sammen med deres brødre og søstre fra Verona-klostret – bede for de andre derhjemme og for dem, som de havde mødt på vejen og modtaget godhed fra og selvfølgelig for sig selv og deres sjæles frelse.

Da de næste dag samledes med mange andre i San Zeno kirken – også Gunni var med, følte de en ubeskrivelig glæde. Gunni derimod – følte sig nu rigtig syg, og det gjorde det ikke bedre, at der var meget støj. Folk mumlede bønner alle steder fra, nogen rejste sig, nogen knælede, og atter nogen gik rundt i kirken. Pludselig hørte Gunni en meget høj lyd, der gik igennem alle de andre lyde, og han så sig omkring for at se, hvad der skete. Først kunne han ikke se noget, men så pegede én af nonnerne, og han så det også: Der kom en flok præster i vinrøde kapper gående ned ad midtergangen i kirken. Hvor var det flot – hvor var det prægtigt! Præsterne svang et stort røgelseskar fra den ene side af kirken til den anden – lige ind over alle mennesker, så Gunni kom til at hoste og blev endnu trættere, end han var i forvejen. Men nu gik messen i gang, og al samtale og alle bønner forstummede en tid, og der blev helt velsignelsesfuldt stille. Det var, som om stilheden havde helt sin egen lyd i denne smukke bygning, tænkte Gunni. Så blev hans tanker afbrudt af præsterne, som begyndte at messe – Gunni vidste slet ikke, hvad han skulle tænke: Disse messende stemmer under de høje smukke hvælvinger! Egentlig tænkte han ikke mere – trætheden gjorde sit –

men han fornemmede det ind i sit inderste: Hvor hørte det sammen – de smukke hvælvinger og den smukke sang. Gunni stod ganske stille og lod sit trætte sind og legeme fyldes. Og han tænkte, at godt nok var kirkebygningerne smukke og guddommelige, men først når de blev fyldt af sang og bøn til Gud, forstod man ret, at det var her – og kun her – paradis var nær.

Efter messen gik Gunni udenfor en stund for sig selv. Han ville ret se på kirken og gik rundt om den. Men før han nåede ret langt, blev han optaget af at se på kirkens vestdør, der bestod af relieffer med både bibelske fortællinger og fortællingen om den store kristne goterkonge Theodorik, der befriede byen Verona fra den hedenske germanerkonge Odoaker. Det fortalte en munk, som netop kom forbi, mens Gunni stod og så på døren. Gunni var som sagt træt, derfor satte han sig foran døren, da munken var gået, og iagttog reliefferne. Og af en eller anden grund følte han, at det var godt at sidde her. Så hver gang han havde været til messe i kirken, satte han sig her foran døren. Og det skete ofte, for han kunne ikke rigtig tage sig sammen og drage videre mod Rom. Han var syg og kraftesløs, og nonnerne vidste ikke, hvad de skulle stille op med ham. Det gik den forkerte vej for Gunni Albertsøn af Lyngby.

Men så længe Gunni kunne, gik han til messe og satte sig hver gang ved vestdøren. Han indså efterhånden, som tiden gik, at han ikke ville nå til Rom, men det vigtigste var også at opnå frelse for hans og Gertruds sjæle. Derfor bad han både i kirken og ved døren, hvor han kunne sidde ned. En dag, hvor der kom nye pilgrimme til Verona, købte Gunni et specielt smykke til Gertrud efter messen. Han havde nu indset, at han hverken ville komme til Rom eller hjem til Lyngby igen. Smykket købte han af en pilgrim, der havde været i Padua. Det var et Antonius-kors, som kunne åbnes, og indeni var der et relikvie. Det var dyrt – men intet var for godt til Gertrud – og han havde hørt, at smykket kunne hjælpe mod den Antonius-ild, Gertrud døjede sådan med. Kunne han ikke selv blive rask, kunne han dog måske hjælpe Gertrud. Derfor bad han nonnerne om at tage korset med hjem til Gertrud, og han bad dem fortælle hende, at han hver dag, så længe han kunne, havde bedt for hende og de andre derhjemme, samt for at kirken i Lyngby måtte blive til velsignelse og bringe gode år til landsbyen.

Hjemme i Lyngby sørgede Gertrud for arbejdet på gården, så godt hun kunne. I perioder plagede Antonius-ilden hende, men hun var tapper og lod sig ikke sådan slå ud. Om Gunni hørte hun ikke så meget, men besøgende til klostrene i Ring og Kalvø berettede dog af og til om livstegn. Og for hvert et livstegn blev hun lettet – og atter bekymret, for det sidste, hun hørte var ikke godt nyt. Det fortaltes, at Gunni Albertsøn var syg og stadig opholdt sig i Verona-klosteret. Arbejderne på gården forsøgte at opmuntre deres frue. Flere af dem var slaver, som var blevet frigivet af Gunni og Gertrud for ganske få år siden. De boede nu i området som hovbønder og var Gertrud dybt hengivne. For hun var retfærdig, og de frigivne var ikke et øjeblik i tvivl om, at det var hende, de i grunden skyldte deres frigivelse. Også tvister dømte hun retfærdigt, nu Gunni var væk, og derfor stod der stor respekt om Gertrud, Gunni Albertsøns hustru.

Men så en dag skete der noget – da byggeriet af kirken var i sin sidste fase, kom der en dag en fremmed til gården, han blev ledsaget af en munk og et par nonner, som Gertrud godt kendte, men hun var spændt på deres ærinde: Mon der var nyt om Gunni og hans færd? Mon han var bleven rask? Hun bød dem indenfor og serverede for dem, og mens de sad bænket, fik hun den besked, hun havde frygtet mest af alt: Gunni, hendes husbond, var død. Han nåede aldrig til Rom, Den evige Stad, som var målet for hans rejse. Han blev syg af feber under rejsen og døde i Verona-klostret. Da tiden var ved at være forbi, havde Gunni bedt nonnerne om at få en rejsende til at overbringe hans sidste hilsen til Gertrud samt give hende det smykke, han havde købt.

Åh, hvor blev Gertrud sorgfuld! Hun var nødt til at bevæge sig. Selvom det ikke var høfligt, rejste hun sig og gik – gik bare rundt om bordet og knugede det kors, som den fremmede havde bragt hende fra Gunni – hun ville høre om de steder, Gunni havde holdt af i sin sidste tid. Og den fremmede fortalte: Gunni havde bedt, ja, Gunni var ligefrem blevet kendt for at opholde sig i San Zeno kirken og bede for sin sjæls frelse – og for Gertrud – og for den kirke, de to skulle have udsmykket. Og – fortalte den fremmede, Gunni havde været dybt grebet af den måde, det kristne budskab blev forkyndt på i San Zeno kirken. Jamen, hvad da, spurgte Gertrud, var det nogle særlige kalkmalerier, de havde der i kirken? Nej, fortalte den fremmede, det var den ene af dørene, vestdøren, som var udsmykket med billedrelieffer, hvori det kristne budskab blev udtrykt sammen med historien om Veronas befrier Theodorik, som indførte kristendommen dér.

Og Gertrud lyttede, hun lyttede og lyttede, og udenfor gik dagen på hæld. Da brød munkene og nonnerne og den fremmed op, men inden de gik, fortalte de hende, at den fremmede ville blive en rum tid på klostret for at samle kræfter.

Den nat kunne Gertrud ikke sove – nu var hun enke, og hun kunne ikke engang begrave Gunni. Men Gertrud var en stærk og klog kvinde, og hun besluttede at føre kirkeprojektet til ende, som Gunni og hun havde planlagt det. Hun førte lange samtaler med den fremmede i dagene derefter, og det var under én af disse samtaler, hun spurgte ham om, hvad han mente om den indre udsmykning af Lyngby kirke. Og han foreslog, at man brugte et af motiverne fra San Zenos kirkedør, nemlig motivet, hvor Theodorik sejrer over Odoaker, for som han sagde: Ligesom Theodorik banede vejen for kristendommen i Verona, har Gunni jo på sin vis gjort det i Lyngby – og det, syntes Gertrud, var en virkelig god ide. På den måde ville Gunni også få et eftermæle.

Der var bare et lille 'men' – og det var nonnerne i Ring, som slet ikke syntes om, at deres kirke skulle have sådan en verdslig udsmykning indvendig – men Gertrud holdt fast i sit – og da hun havde mere opbakning i lokalområdet end nonnerne, som mest opholdt sig i Ring, fik hun sin vilje. Den fremmede sendte nu bud efter en maler, som kunne male ryttermotivet fra døren i San Zeno kirken, og arbejdet med den indre udsmykning af Lyngby kirke kunne tage sin begyndelse. Desværre skete det få uger efter, at maleren var begyndt sit arbejde, han havde lige fået tegnet skitsen af de to ryttere, at Gertrud blev alvorlig syg – det var pesten fra Århus, der havde nået hende. Og da hun var svækket af sorg og bekymring, og den helvedesild hun altid døjede med, var hun slet ikke stærk nok til at stå sygdommen imod. Hun døde som én af de første i Lyngby af pesten.

Efter hendes død lagde man en sten på hendes grav, hvorpå der stod en indskrift. Af denne indskrift kan vi i dag kun læse dette: HIC IACET GERTRVTE VXOR GUNNONIS FI ALBERTI SIM...........SIBI...... *Her hviler Gertrud, Gunni Alberts hustru.* – Det var i året 1143.

Ved Gertruds død gik den planlagte indre udsmykning af Lyngby kirke i stå. Da hun var begravet, overtog nonnerne den fulde råderet over kirken. Men på grund af pesten, som ramte hårdt, havde de ikke kræfter og overskud til at male kirken færdig. Det altafgørende i denne sag var dog, at maleren var rejst, lige så snart han kunne, da det blev klart, at pesten havde nået Lyngby. Derfor stod kirken, som da Gertrud døde, i hen ved halvtreds år. De lokale folk ønskede ikke at ændre noget, for mindet om Gertrud, Gunni Albertsøns hustru vedblev at være levende hos dem i mange år. De brugte den kirke, som hun havde været med til at bygge og udsmykke, og som *hun* gav også *de,* hvad de kunne, for at opnå frelse for deres sjæle. Således kom Ring kloster med tiden til at eje hele landsbyen med de ti gårde og kirken.

Først da der var gået et par generationer efter pesten, var man helt på højde med livet igen i Lyngby, og først da havde lyngbyerne og nonnerne i Ring også lagt så stor afstand til Gertrud, Gunni Albertsøns hustru, at de kunne restaurere kirken indvendig. De lod de gamle kalkmalerier dække og malede nye – denne gang med bibelske motiver.

Som kirken står i dag, er det dog rytterbilledet, der som det eneste pryder Lyngby kirke indvendigt. De bibelske kalkmalerier er kalket over for at kunne bevares. Men hvem ved – hvad kommende generationer vælger. Og således holdes den gamle uoverensstemmelse mellem Gertrud og nonnerne levende – hvem ved hvor længe?

Foto

Bag overskrift: Laila Sølager, fra Medlemsblad for Hedeselskabet.

Sidst bag rytterbilledet: Ingrid Brandt, fra Rørvig naturfrednings hjemmeside.

Tilladelse er indhentet fra Laila Sølager og Ingrid Brandt.

* * *

Litteratur

H. Adrian og P. Grinder-Hansen: Den romanske kirke – billede og betydning.

K. Banning: Kalkmalerierne i Skåne, Halland og Blekinge kirker 1100-1600.

Man skriver i Skåne ..., Om Biblia Pauperum. ICO 1979/1.

C. J. Becker: Danske mønter som historisk kildemateriale i 1000-tallet.

F. Becket: Danmarks kunst, Oldtiden og den ældste middelalder. Bd. 1.

K. Lind Bejer: Bidt af en gal billedpassion. KD d. 20.04.2006.

M. Beiter: Danmarks frække middelalder. Århus Stiftstidende d. 11.06. 2006.

J. Bjerre: Lys over middelalderen. KD d. 26.08.1999.

K. Boas: Billeder af Gud og hver mand. KD d. 17.04.2002.

A. Bolvig: Bondens billeder.Kirkekunstens storhedstid. Billederne i kirken skal bruges på en ny måde. KD d. 14.01.2004.

Kalkmaleriernes fællessprog. KD d. 7.12.2000.

Kalkmalerier omkring Øresund.

Kirken den er et gammelt hus. Samvirke, dec. 1996.

Der er mange skæve næser i kalkmalerierne. KD d. 19.06.2007.

Landsbykirkerne er også verdens kulturarv. KD d. 27.11.2006.

M. Brandt: 1000 mand i et slag, ICO 1972.

R. Broby-Johansen: Den danske billedbibel.

Dagens dont i Norden.

P. Brøgger: Danske kalkmalerier, senromansk tid.

K. S. Christensen: Islam og kristendom har påvirket hinanden. KD d. 15.09.1995.

B. Clausen: Vold og fromhed forenedes i korstogene. KD d. 20.12. 1999.

J. Clausen: Bibelen i Bellinge. Et eksempel på Biblia Pauperums anvendelse i dansk kalkmaleri.

ICO 1974/1.

H. Dehn-Nielsen: Kirker og klostre i Danmark.

K. Egeberg, L. Lerberg og J. Thiedecke: Ridderdrømme.

G. Franceschi: Kalkmalerier fra danske landsbykirker.

T. Gad: Helgener i Legender fortalt i Norden.

Legenden i dansk middelalder.

J. Glenthøj: Rytterkampen i Lyngby kirke. Århus Stiftstidende d. 3.07.1975.

Kirkens krigere. Skalk 1975/2.

Der er en verden uden for Lyngby. Århus Stiftstidende d. 15.10.1975.

L. Gotfredsen: Og jorden skælver. Rytterfriser i Århus Stift. Århus Stifts Årbog 1983.

Billedets formsprog.

L. Gotfredsen og Hans Jørgen Frederiksen: Troens billeder.

A. Gravgaard (red.): Kirkerum og billedkunst.

C. Grymer: Bed og arbejd. KD d. 29.081997.

H. Græbe: Kirkens krigere, Skalk 1975/2.

E. E. Gudjónsson: Sammenhængen mellem nogle islandske religiøse billeder og udenlandske tryk.

ICO 1979.

E. Hansen: Frisen i Ål kirke. Kunstbladet 1927.

M. A. Hansen: Folkets Danmarkshistorie.

U. Lund Hansen: Handelscentre. Festskrift til Olaf Olsen på 60-årsdagen d. 7. juni 1988.

U. Hastrup: Billedbibel.

U. Hastrup og R. Egevang: Danske Kalkmalerier.

Ø. Hjort: Sagnverden og billedverden. Information d. 1. og 2.07.1978.

M. Holt: Dramaerne omkring Bayeux-tapetet. KD d. 14.02.2007.

B. Hvidberg-Hansen: Gamle billeder i Skibet kirke. Hadsten Stiftsbog 1967.

J. Idorn: Klosterorden gennem 900 år. KD d. 22.01.1998.

Chr. Jacobsen: Kirker og løver.

B. B. Jensen: Kong Arthur og riderne af det runde bord.

K. Grubb Jensen: De helliges korstog. KD d. 23.04.1999.

C. Selch Jensen: Danmark og den middelalderlige korstogsbevægelse. Teol.inf./nr. 32/sept. 2005.

S. Kaspersen: Krig i kirkens Billedkunst, Ål. Berlingske Tidende d. 6.09.1966.

Om folkelighed og ufolkelighed i senmiddelalderligt vægmaleri. I Kunst – samfund –
kunst. En hilsen til Broby, 1987.

T. Kisbye: Vikingerne i England – sproglige spor.

U. Kjær: Kirkerne i Danmark.

U. Kjær og P. Grinder-Hansen: Kirker i Danmark, Den katolske tid indtil 1536.

E. Klange: Er det Roland, der kæmper i Ål? Et tolkningsforsøg. ICO 1980/3.

J. Kornerup: Kunstens historie i Danmark.

Om kalkmalerierne, Kirkehistorisk samlinger V.

Om nogle i danske kirker opdagede kalkmalerier. Årbog for nordisk Oldkyndighed og historie 1868.

N. Kornerup: Kender du Holger Danske?

E. Tang Kristensen: Gamle viser i folkemunde.

Gamle folks fortællinger. II, s. 386.

S. Nancke-Krogh: Den uheldige helt, ICO 1976/3.

E. Lagerlöf og G. Svahnström: Gotlands Kyrkor.

N. K. Liebgott: Hellige mænd og kvinder.

Metaldetektorer og middelalderens fromhedsliv.

E. L. Lillie: Hedningernes omvendelse, hovedfrisen i Hornslet kirke. ICO 1991/1.

N. Lukman: Didriks saga og Theoderics historie.

Den gotiske Rytter.

M. Mackeprang: Romanske Granitportaler i Danmark.

Vore landsbykirker.

B. P. McGuire: Senmiddelalderens moderne fromhed. KD d. 11.05.1999.

Bernard af Clairvaux – den første europæer. KD d. 21.02.2007.

Middelalderens danske almindelige kirke. KD d. 4.09.2001.

H. J. Madsen: Pilgrimstegnet. Skalk 1970/5.

K. Madsen (red.): Kunstens historie i Danmark.

H. Moe: Folkets mangfoldige billedbog. KD d. 20.08.2003.

Med lup på analfabeternes bibel. KD d. 4.04.2005

L. O. Nielsen: Teologistudiet i middelalderen. teol.inf. /18.08.1998.

O. Norn: Levende sten.

Jysk granit.

Frelsens horn.

At se det usynlige: Mysteriekult og ridderidealer.

Hvor rider de hen?, Skalk 1968/3.

Underholdende katekese for riddere. ICO 1979.

P. Nørlund og E. Lind: Danmarks romanske kalkma-lerier.

O. Olsen: De ni helte, rytterkampbillederne i Dronning-lund kirke, Nationalmuseets arbejdsmark 1955.

R.A. Olsen: Riddertid i Danmarks Middelalder.

R. Olsen og O. Olsen: Nonneliv – især i Jylland. Skalk 1972/6.

B. Pedersen: En broderet krønike om svig og straf. KD d. 18.01.2006.

P. Pedersen: Romanske stenarbejder.

Mennesket, billeder fra jydsk granitskulptur.

K. Prange: Arme riddere. Om riddertiden og mulighe-derne for at opdele middelalderens adel i sociale grupper. Festskrift til E. Ulsig, 1988.

E. Kløvedal Reich: De første 30 fortællinger om Dan-marks fødsel.

B., M. og O. Reiter: Middelalderens billedbog.

P. Riant: Skandinavernes Korstog og Andagtsrejser til Palæstina.

A. Rieper: Fra edens have til Jerusalem. KD d. 30.03. 2006.

A. Riising: Danmarks middelalderlige prædiken.

E. Rothe: Rytterkampbilledet i Ål kirke samt andre middelalderlige kampscener i danske kirker.
Årbøger for nordisk oldkyndighed og historie, 1908.

M. Rud: Bayeux-Tapetet – og slaget ved det grå æbletræ.

O. Rydbeck: Medeltida kalkmålinger i Skånes kyrkar.

N. M. Saxtorph: Jeg ser på kalkmalerier.

Kalkmaleriernes kildevæld. Fortid og Nutid/bd XXIV/hefte3/Danmarks kalkmalerier/1986.

A. F. Schmidt: Bidrag til Lyngby Sogns historie.

J. Steens: Løvebrøl i gamle kirker. KD d. 14.03.2003.

B. G. Sönderberg: Svenska kyrkomålingar från medeltiden.

L. Søndergaard: Magiske tegn, figurer og formler i senmiddelalderlige kalkmalerier.

L. Sønderstrøm: Kampen om Borgen. ICO 1991/1.

C. og E. Harding Sørensen: Danmark i vikingetiden.

L. Kiil Sørensen: Den hellige gral er gemt på Bornholm. KD d. 16.05. 2006.

A. Lerche Trolle: Kalkmalerier i Østjylland.

A. Tuulse, J. Sonne, N. Lukman og A. Jorn: Gotlands Didrek.

A. Tuulse: Romansk konst i Norden.

Missionshistorie i Danmarks senromanske kalkmalerier.

E. Verwohlt: Turneringer og ridderspil i Norden. Heraldisk Tidskrift/ bd 3/nr. 39/marts 1979.

E. Zahle(red.): Danmarks Malerkunst fra Middelalder til Nutid.

K. Aarsleff: Mysteriet om Kong Arthur og ridderne af det runde bord.

* * *

ICO: Iconografisk Tidsskrift.
KD: Kristeligt dagblad.